DIESES BUCH GEHÖRT

Duden

Dein Lesestart

VÖGEL

BABETTE PRIBBENOW

Dudenverlag
Berlin

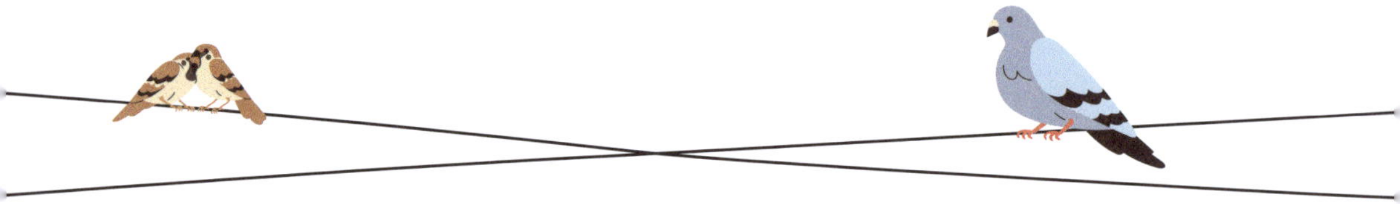

ENTDECKE DIE VOGELWELT

Vögel sind tolle Lebewesen.

Sie können fliegen und wunderschön singen,

sie haben Federn und sind sehr schlau.

Zugvögel legen Tausende von Kilometern zurück.

Es gibt viele unterschiedliche Vögel.

Man findet sie überall auf der Welt.

In diesem Buch wirst du eine Menge

über diese Tiere erfahren.

INHALT

AMSEL, DROSSEL,

FINK UND STAR

LEICHT WIE EIN VOGEL

Vögel stammen von den Dinosauriern ab.
Vor 150 Millionen Jahren
lebte der Archaeopteryx
(sprich: Ar-che-op-te-riks).
Er war eine Mischung
aus Vogel und Dinosaurier.
Wie die Vögel hatte er zwei Beine
und zwei Flügel, einen Schnabel und Federn.
Fast alle Vögel haben eine **Bürzeldrüse.**
Sie gehören zu den **Wirbeltieren.**
Ihre Knochen sind hohl. Dadurch sind Vögel
sehr leicht. Das ist zum Fliegen wichtig.

Archaeopteryx

Die **BÜRZELDRÜSE** liegt unter dem Schwanz. Sie stellt eine Art Öl her. Damit wird das Gefieder eingefettet.

WIRBELTIERE haben ein Skelett aus Knochen. Säugetiere, Fische und Reptilien sind zum Beispiel Wirbeltiere.

HOCHLEISTUNGSSPORTLER

Für Vögel ist Fliegen anstrengend.
Daher schlägt ihr Herz sehr schnell.
Beim Haussperling schlägt das Herz
zehnmal schneller als beim Menschen!
Die Lunge hat zusätzlich noch **Luftsäcke.**
Diese durchziehen den gesamten Körper.
Vögel haben eine hohe **Körpertemperatur**
von 42 Grad Celsius.

Durch die **LUFTSÄCKE** kann ein Vogel viel mehr Luft einatmen.

Die **KÖRPERTEMPERATUR** von Menschen beträgt nur 37 Grad Celsius.

Singdrossel

SINGEN WIE EINE LERCHE

Im Frühling fangen Vögel an zu singen.

Das tun meist nur die Männchen.

Sie grenzen damit ihr **Revier** ab.

Der Gesang soll auch den **Weibchen** gefallen.

Vögel unterhalten sich mit ihrem Gesang.

Nicht alle Vögel können singen.

Einige machen nur Laute.

Ein Strauß hört sich an wie ein Löwe.

Das **REVIER** ist ein bestimmtes Gebiet, in dem die Vögel leben und ihre Nahrung finden.

WEIBCHEN suchen sich das Männchen mit dem schönsten Gesang aus. Das steht für Kraft und Stärke.

Feldlerche

Nachtigall

Amsel

Die Hälfte aller Vogelarten
gehört zu den Singvögeln.
Sie lernen das Singen von ihren Eltern.
Feldlerchen singen hoch in der Luft.
Nachtigallen hört man, wenn es dunkel ist.
Sie verstecken sich im Gebüsch.
So werden sie nicht von **Räubern** entdeckt.
Amseln **zwitschern** am liebsten
von einem hohen Ort.

RÄUBER wie Falken oder Katzen können singende Vögel leichter finden.

ZWITSCHERN So nennt man das Singen der Vögel.

SCHLAU WIE EIN RABE

Vögel haben ein kleines **Gehirn.**

Trotzdem sind einige **intelligent.**

Rabenvögel wie Krähen, Raben und Elstern

sind die schlausten Vögel.

Sie können Dinge verstecken und wiederfinden.

Kolkraben suchen das richtige Werkzeug aus,

um etwas zu öffnen.

Krähen erkennen Menschen wieder.

Sie wissen, wer sie füttert

oder wer nicht gut zu ihnen war.

Das **GEHIRN** steuert alle Vorgänge im Körper, zum Beispiel die Bewegungen.

INTELLIGENZ ist die Fähigkeit, Aufgaben durch Denken zu lösen.

Krähe

Graupapagei

Krähen wissen, was eine rote Ampel ist.
Sie legen Nüsse auf die Straße.
Bei Grün fahren die Autos darüber.
Nun sammeln die Krähen
die geknackten Nüsse auf.
Auch Papageienvögel sind intelligent.
Graupapageien lernen sogar sprechen.
Sie können auch Farben und Bilder
unterscheiden.

Es gibt über 350 Arten von **PAPAGEIENVÖGELN**.
Dazu gehören Papageien,
Loris, Kakadus und Sittiche.

ESSEN WIE EIN VOGEL

Die Schnäbel von Vögeln sind verschieden.
Alle sind aus Horn und wachsen immer nach.
Vögel haben keine Zähne.
Sie schlucken, ohne zu kauen.
An der Form des Schnabels erkennt man,
was ein Vogel frisst.
Vögel mit einem Pinzettenschnabel
fressen weiche Beeren oder Insekten.
Dieser Schnabel ist schmal und spitz
wie bei Rotkehlchen, Amseln und Spechten.

Rotkehlchen

HORN wird von der Haut gebildet. Auch Haare, Federn und Zähne sind aus Horn.

Eine **PINZETTE** ist ein Werkzeug. Damit kann man kleine oder dünne Dinge gut greifen.

Spechte nutzen ihren Schnabel
als Werkzeug.
Sie holen damit Insekten
unter der Baumrinde hervor.
Vögel mit einem Kegelschnabel
fressen harte Körner oder Nüsse.
Dieser Schnabel ist breit und kräftig.
Meisen und Finken knacken damit harte Schalen.
Enten und Schwäne haben einen Löffelschnabel.
Die Wasservögel gründeln
und nehmen damit Pflanzen auf.

Specht

Fink

Schwan

Enten

Der **LÖFFELSCHNABEL** ist breit, unten flach und vorne rund.

Beim **GRÜNDELN** tauchen die Enten Kopf und Vorderkörper ins Wasser. Sie suchen auf dem Grund nach Nahrung.

AUGEN WIE EIN ADLER

Vögel sehen anders als Menschen.

Sie können zum Beispiel **ultraviolettes Licht** erkennen.

Das hilft bei der **Orientierung.**

Vögel sehen auch schärfer.

Das ist wichtig zum Überleben.

Bei vielen Vögeln sitzen die Augen seitlich am Kopf.

Ihr Hals ist sehr beweglich.

So können sie in alle Richtungen schauen.

Adler

Wendehals

ULTRAVIOLETTES LICHT ist für Menschen unsichtbar.

Wenn man sich in einer unbekannten Gegend zurechtfindet, hat man eine gute **ORIENTIERUNG**.

Bussard

Adler, Bussarde und Falken

sind **Greifvögel.**

Sie erkennen aus der Luft

eine Maus auf dem Feld.

Ihre Augen sind fast wie ein Fernglas.

Sie liegen nebeneinander.

Dadurch können sie gut **räumlich sehen.**

Im Flug steuern sie die Beute an

und greifen sie mit den Krallen.

Eulen jagen nachts.

Sie finden ihre Beute auch im Dunkeln.

GREIFVÖGEL sind Fleischfresser und jagen. Sie greifen die Beute mit ihren kräftigen Füßen.

Beim **RÄUMLICHEN SEHEN** kann man Entfernungen genau abschätzen.

Super gelesen

AUF ZUM RÄTSELSPAß!

1. Welcher Vogel hat welchen Schnabel? Ordne zu.

Kegelschnabel

Pinzettenschnabel

Löffelschnabel

2. Warum singen Vögel?
Hier hat sich ein Fehler eingeschlichen.
Kreuze ihn an.

a) ☐ Sie wollen ein Weibchen gewinnen.

b) ☐ Sie wollen die Menschen erfreuen.

c) ☐ Sie unterhalten sich mit ihrem Gesang.

d) ☐ Sie grenzen ihr Revier ab.

3. Die Wörter sind durcheinandergeraten, kannst du sie vervollständigen?

Verbinde die Silben mit Linien.

A	Bürzel	1	-kleid
B	Luft	2	-drüse
C	Feder	3	-tiere
D	Wirbel	4	-säcke

4. Fülle den Lückentext über die Augen von Vögeln aus.

Vögel können die Farbe ____________________ wahrnehmen. Die Augen von ____________________ sind fast wie ein ____________________. Sie sehen ____________________ als Menschen. Eulen jagen in der ____________ und erkennen trotzdem ihre ____________________.

Die Wörter helfen dir dabei:

Beute · Nacht · Fernglas · Greifvögeln · Ultraviolett · schärfer

Lösungen: 1. links: Schwan = Löffelschnabel, Mitte: Specht = Pinzettenschnabel, rechts: Fink = Kegelschnabel; 2. b);
3. A2 = Bürzeldrüse, B4 = Luftsäcke, C1 = Federkleid, D3 = Wirbeltiere; 4. Ultraviolett, Greifvögeln, Fernglas, schärfer, Nacht, Beute

HOCH IN

DER LUFT

Eichelhäher

WIE VÖGEL FLIEGEN

Vögel fliegen aus eigener Kraft.
Sie besitzen kräftige Muskeln.
Diese bewegen die Flügel.
An den Flügeln sind lange Schwungfedern.
Sie tragen den Vogel in der Luft.
Mit den Schwanzfedern steuern sie.
Federn sind leicht und **wasserabweisend.**
Beim Starten und Fliegen müssen Vögel
die **Schwerkraft** überwinden.

WASSERABWEISEND
Vögel streichen ihre Federn mit Fett aus der Bürzeldrüse ein. Dadurch kann kein Wasser eindringen.

Die **SCHWERKRAFT** zieht Gegenstände zum Boden. Wenn du etwas fallen lässt, fällt es immer Richtung Erde.

Albatros

Fliegen verbraucht viel Energie.

Beim Gleitflug sparen die Vögel Kraft.

Sie lassen sich einfach nach unten gleiten.

Die Flügel sind dabei weit ausgebreitet.

Beim Segelflug werden die Aufwinde genutzt.

Diese tragen die Vögel nach oben.

Nicht alle Vögel können fliegen.

Pinguine, Kiwis oder Strauße können es nicht.

Kiwi

Pinguin

ENERGIE
Tiere brauchen für alle Tätigkeiten Energie. Diese gewinnen sie aus der Nahrung.

AUFWIND ist Luft, die nach oben steigt.

Stare

TANZ IN DER LUFT

Ein **Schwarm** aus vielen Tieren
bietet Schutz vor Räubern.
Die Vögel suchen gemeinsam
nach Nahrung oder einem **Schlafplatz.**
Stare bilden riesige Schwärme.
Manchmal kann man sie am Himmel beobachten.
Eine schwarze Wolke aus Tausenden von Vögeln.
Die Wolke bewegt sich hoch und runter.
Dann schießt sie nach links oder rechts.

Ein **SCHWARM** besteht aus vielen Tieren, die sich dicht an dicht fortbewegen.

SCHLAFPLATZ
Viele Vögel schlafen nachts gemeinsam auf Bäumen oder Dächern, wenn sie nicht brüten.

Schneegänse

Warum stoßen die Vögel
bei den schnellen **Flugmanövern**
nicht zusammen?
Jeder Vogel beobachtet
genau seine Nachbarn.
Ändert einer die Richtung,
folgen ihm die anderen Vögel.

Ein **FLUGMANÖVER** ist eine Änderung der Flugrichtung. Vögel sind viel schneller und wendiger als Flugzeuge.

ZUGVÖGEL

Standvögel wie
Kohlmeisen oder Eichelhäher
leben im Winter bei uns.
Zugvögel ziehen in wärmere Gebiete.
Sie finden im Winter nicht genug Nahrung.
Im Frühling kehren sie zurück.
Kurzstreckenzieher wie Kraniche oder
Stare fliegen zum Mittelmeer.
Wird es bei uns kalt, brechen sie auf.

STANDVÖGEL finden auch im Winter Nahrung. Daher ziehen sie nicht in wärmere Gebiete.

KURZSTRECKENZIEHER fliegen nicht mehr als 2000 Kilometer.

Kraniche

Rauchschwalben

Weißstörche und Rauchschwalben

sind **Langstreckenzieher.**

Ihre **Winterquartiere** sind in Afrika.

Manche Vögel sind Wochen unterwegs.

Der weite Flug ist sehr anstrengend.

Die Vögel verlieren viel Gewicht.

Sie brauchen unterwegs Rastplätze

mit Futter und Wasser.

Sie nutzen meist die gleichen Orte.

LANGSTRECKENZIEHER fliegen über 4000 Kilometer bis zu ihrem Winterquartier.

Das **WINTERQUARTIER** ist der Ort, an dem sich die Vögel im Winter aufhalten.

DER VOGELZUG

Manche Vögel reisen am Tag,

andere in der Nacht.

Sie sind allein

oder in Gruppen unterwegs.

Kuckucke ziehen allein und in der Nacht.

Gänse und Kraniche fliegen in Gruppen.

Sie bilden eine **V-Formation.**

An der Spitze fliegt der Leitvogel.

Er gibt die Richtung vor.

Sein Flügelschlag erzeugt einen **Luftwirbel.**

Die Vögel hinter ihm werden mitgezogen.

Die V-FORMATION ist eine Anordnung von Vögeln, die wie ein V aussieht.

LUFTWIRBEL
Wenn sich ein Gegenstand vorwärtsbewegt, entsteht dahinter eine Strömung aus Luft.

Zugvögel orientieren sich an der Sonne,
den Sternen oder dem **Magnetfeld** der Erde.
Auch Flüsse oder Berge helfen,
den richtigen Weg zu finden.
Der Vogelzug ist den Tieren **angeboren.**
Zugvögel sind ständig in Gefahr.
Der Weg ist lang.
Sie werden auch gejagt oder gefangen.

MAGNETFELD
Alle Magnete haben zwei Pole. Darum bildet sich ein magnetisches Feld. Auch die Erde ist ein Magnet.

ANGEBOREN
Die Vögel wissen, wann sie wohin fliegen müssen. Das brauchen sie nicht zu lernen.

Super gelesen

AUF ZUM RÄTSELSPAß!

1. Der Kranich sucht nach seiner Gruppe. Finde den direkten Weg durch das Labyrinth und sammle unterwegs die Buchstaben ein. Welches Wort ergeben sie?

Lösungswort:

☐☐☐☐☐☐☐☐☐

2. Ergänze die fehlenden Buchstaben.

F _ D E R
W I _ T E R Q U A R T I E R
G L _ I T F L U G
S C W A _ M
M A _ N E T F E L D
L U F T W _ R B E L
F L Ü G _ L

Das Lösungswort brauchen Vögel zum Fliegen.

Lösungswort: _ _ _ _ _ _ _

3. Welche Aussage ist falsch?

Kreuze an.

Beim Vogelzug orientieren sich die Vögel an

a) ☐ den Sternen.

b) ☐ der Sonne.

c) ☐ ihrem Gehör.

d) ☐ dem Magnetfeld der Erde.

e) ☐ der Landschaft.

1. Rastplatz; 2. Energie; 3. c)

DER

FRÜHLING KOMMT

DER SCHÖNSTE BIN ICH!

Im Frühling hört man überall Vogelstimmen.
Viele Vögel suchen einen Partner
und einen geeigneten **Brutplatz.**
Es ist **Balzzeit.**
Man sieht Vögel streiten.
Sie kämpfen um die besten Reviere.
Ein guter Platz ist sicher vor Feinden
und bietet viel Nahrung.

Star

Paradiesvogel

Am **BRUTPLATZ** bauen Vögel ihre Nester und ziehen die Jungen groß.

BALZ ist die Werbung des Männchens um ein Weibchen. Einige Vögel wie die Paradiesvögel führen sogar Tänze auf.

Kampfläufer

Stockente

Einige Männchen bekommen ein **Prachtkleid.**

Die **Erpel** der Stockenten haben jetzt einen schillernden grünen Kopf.

Die Kampfläufer schmückt ein Kragen aus Federn.

Das schöne Aussehen und der Gesang sollen den Weibchen gefallen.

Diese suchen sich ihren Partner aus.

Sie wählen kräftige und gesunde Männchen.

Beim **PRACHTKLEID** sind die Federn viel bunter und glänzender. Nur gesunde Vögel haben ein prächtiges Gefieder.

ERPEL sind männliche Enten.

INS GEMACHTE NEST SETZEN

Die meisten Vögel bauen ein Nest.
Sie sind gute **Baumeister.**
Höhlenbrüter brauchen
geschlossene Nester.
Spechte und Kleiber
nutzen dafür **Baumhöhlen.**
Bodenbrüter wie Feldlerchen
oder Rotkehlchen bauen am Boden.
Sie nutzen Halme, kleine Äste oder Blätter.

Baumhöhle des Spechts

Nest des Rotkehlchens

BAUMEISTER
Je nach Art bauen entweder die Weibchen, die Männchen oder beide das Nest. Darin legt das Weibchen die Eier ab.

BAUMHÖHLE
Spechte hämmern mit ihrem Schnabel Höhlen in die Bäume. Diese werden auch von anderen Vögeln genutzt.

Nester werden weich ausgepolstert,
zum Beispiel mit Moos, Wolle oder Federn.
Das Nest der Beutelmeise sieht aus
wie ein flauschiger **Pantoffel.**
Bei den **Webervögeln** bauen die Männchen
kunstvolle Hängenester.
Eine Amsel braucht
etwa zwanzig Stunden zum Nestbau,
eine Blaumeise bis zu zwei Wochen.

Nest der Beutelmeise

WEBERVÖGEL heißen so, weil sie feine Nester aus länglichen Pflanzenteilen weben.

PANTOFFEL
Die Nester der Beutelmeisen wurden früher als Hausschuhe für Kinder verwendet.

KEIN EI GLEICHT DEM ANDEREN

Nach der Paarung legt
das Weibchen ihre Eier ins Nest.
Manche sind weiß, andere bunt.
Es gibt große und kleine Eier.
Die Eier werden nicht auf einmal gelegt.
Oft liegt sogar ein Tag dazwischen.
Wenn alle Eier im Nest sind, wird gebrütet.
Dabei wärmen die Vogeleltern
das Gelege Tag und Nacht.

Amsel-Eier

Blaumeisen-Eier

Feldlerchen-Eier

Die **PAARUNG** zwischen einem Männchen und einem Weibchen dient der Fortpflanzung.

Das **GELEGE** umfasst alle Eier eines Weibchens. Bei der Blaumeise sind das sechs bis zwölf Stück.

brütende Feldlerche

junger Kuckuck

Die kleinen Vögel in den Eiern
müssen noch wachsen.
Die Feldlerche brütet nur elf oder zwölf Tage,
der Storch ungefähr einen Monat lang.
Der Kuckuck legt seine Eier in fremde Nester.
Er brütet nicht selbst.
Zum **Schlüpfen** durchstoßen die Jungvögel
die Schale mit dem **Eizahn.**
Sie schlagen gegen die Schale,
bis sie zerbricht.
Nun sind sie auf der Welt!

SCHLÜPFEN
Wenn das Vogeljunge fertig ausgebildet ist, verlässt es das Ei.

Der **EIZAHN** ist eine kleine Spitze aus Horn auf dem Schnabel. Einige Tage nach dem Schlüpfen fällt er ab.

FRISCH GESCHLÜPFT

Singvögel wie Amseln oder Meisen sind
beim Schlüpfen meist nackt und noch blind.
Sie gehören zu den Nesthockern.
Die Eltern füttern und wärmen die Jungen.
Sie fangen für sie Würmer, Insekten und Larven.
Die Kleinen brauchen viel Futter.
Wenn sie groß genug sind,
verlassen sie zeitweise das Nest.
Nun müssen sie fliegen lernen.

Grasmücken

Blaumeise

NESTHOCKER bleiben nach dem Schlüpfen noch für eine längere Zeit im Nest. Sie sind völlig hilflos.

Aus **LARVEN** entwickeln sich fertige Insekten, wie Fliegen oder Mücken.

FRÜH UNTERWEGS

Die Küken von Hühnern, Gänsen und Enten haben beim Schlüpfen bereits **Gefieder.** Und ihre Augen sind offen. Es sind **Nestflüchter.** Die Jungen merken sich das erste Lebewesen, das sie sehen. Dem folgen sie überallhin. Meist ist das die Mutter. Sie suchen sich meist schon selbst Futter. Trotzdem brauchen sie noch eine Weile die Eltern und müssen viel lernen.

Schnatterente

Das **GEFIEDER** von Küken besteht aus weichen, wärmenden Federn, den Daunen.

NESTFLÜCHTER können fast sofort das Nest verlassen. Sie sind kräftig genug, um zu laufen oder zu schwimmen.

BRUTVÖGEL IN GEFAHR

Es gibt immer weniger Brutvögel.

Der Kiebitz war früher ein häufiger Vogel.

Nun steht er auf der Roten Liste.

Er brütet am Boden.

Die Jungen sind Nestflüchter.

Den Kiebitzen fehlen sichere Nistplätze.

Auch die Feldlerche ist gefährdet.

Die Kornweihe ist sogar
vom Aussterben bedroht.

Kiebitz

BRUTVÖGEL nennt man die Vögel, die in einer Region ihre Jungen großziehen.

Die ROTE LISTE Deutschlands gibt an, welche Tiere und Pflanzen vom Aussterben bedroht sind.

BEDROHTER LEBENSRAUM

Es gibt immer weniger freie Flächen.

Überall entstehen Häuser oder Felder.

Die Vögel verlieren ihre Brutgebiete.

Es gibt auch weniger Insekten.

Das liegt an den Pflanzenschutzmitteln.

Auch Klimaveränderungen gefährden die Vögel.

Auf der Erde wird es immer wärmer.

Darum wissen die Vögel nicht mehr,

wann es Zeit für den Vogelzug ist.

Rotkehlchen

PFLANZENSCHUTZMITTEL werden auf Feldern verwendet, um die Ernte zu schützen. Für Insekten sind sie giftig.

Weltweit kommt es zu **KLIMAVERÄNDERUNGEN**. Es wird zum Beispiel immer wärmer und Unwetter und Stürme nehmen zu.

Super gelesen

AUF ZUM RÄTSELSPAß!

1. Hier haben sich sechs Vögel versteckt. Findest du sie?

S	T	A	R	E	C	F	L
T	K	S	D	A	G	I	S
N	U	B	I	B	A	L	H
L	C	K	B	E	N	T	E
M	K	Z	S	U	S	T	P
H	U	S	P	E	C	H	T
K	C	E	F	E	R	O	N
K	K	A	M	S	E	L	Y

2. Früher wurden ihre Nester als Kinderschuhe verwendet. Welcher Vogel ist das?

e t m B e u l i s e e

3. Frisch geschlüpft und so unterschiedlich! Setze ein.

a) **Junge Vögel, die nach dem Schlüpfen im Nest bleiben, sind ___________.**

b) **Junge Vögel, die nach dem Schlüpfen der Mutter folgen, sind _____________.**

Nesthocker **Nestflüchter**

4. In der Wortschnecke hat sich ein Satz versteckt. Kannst du ihn lesen?

Trenne die Wörter durch senkrechte Striche.

VIELFÄLTIGE

VOGELWELT

AUF FLÜSSEN UND SEEN

Haubentaucher

Am Wasser kann man
Entenvögel beobachten.
Dazu gehören Schwäne, Gänse und Enten.
Fast alle haben Schwimmhäute.
Haubentaucher erkennt man
an dem langen schlanken Hals
und einer schwarzen Haube aus Federn.
Sie haben einen stromlinienförmigen Körper.
Haubentaucher sind gute Taucher.
Sie jagen dabei kleine Fische.

SCHWIMMHÄUTE befinden sich zwischen den drei Zehen der Füße. Damit können die Vögel gut tauchen und schwimmen.

Ein **STROMLINIENFÖRMIGER** Körper ist vorne dick und rund und hinten dünn und spitz. Dadurch kann er gut durchs Wasser gleiten.

Graureiher

Reiher haben lange Beine
und einen langen Hals.
Der Schnabel ist schmal und spitz.
Sie fangen Fische und Frösche.
Dabei stehen sie im flachen Wasser.
Der Höckerschwan ist groß und elegant.
Die Spannweite seiner Flügel
kann über zwei Meter betragen.
In der Brutzeit ist er angriffslustig.
Er stellt seine Flügel auf und faucht.
Dann muss man vorsichtig sein!

Höckerschwan

Es gibt verschiedene **REIHER**. Bei uns leben zum Beispiel Graureiher und Silberreiher.

Die **SPANNWEITE** ist bei ausgebreiteten Flügeln die Länge zwischen den beiden Flügelspitzen.

AUF MEEREN UND OZEANEN

Meeresvögel haben selten ein buntes Gefieder und sie leben länger als andere Vögel. Sie brüten oft in **Kolonien** und haben weniger Junge. Einige leben vor allem in der Luft über dem Meer. Dazu gehören viele Möwen und die **Albatrosse.** Albatrosse schlafen sogar beim Fliegen! Start und Landung sind für sie allerdings schwierig.

Albatrosse

KOLONIEN
Viele Vögel einer Art brüten eng nebeneinander und ziehen ihre Jungen groß. Die Gemeinschaft bietet Schutz.

ALBATROSSE sind eine Gruppe von sehr großen und schweren Meeresvögeln. Sie erreichen teilweise Flügelspannweiten von dreieinhalb Metern.

Papageientaucher

Pinguine

Andere Meeresvögel schwimmen vor allem, wie Pinguine und Papageientaucher. Papageientaucher erkennt man an ihrem bunten Schnabel. Sie nisten an **Steilküsten** im Nordatlantik und im **Nordpolarmeer.** Außerhalb der Brutzeit leben sie auf dem offenen Meer. Sie können sehr lange und tief tauchen. Sie nutzen dazu ihre kräftigen Füße und Flügel. Sie ernähren sich von Fischen.

An **STEILKÜSTEN** trifft das Meer an steil aufragendes Land, zum Beispiel auf hohe Felsen.

NORDPOLARMEER oder Arktischer Ozean nennt man das Meer rund um den Nordpol.

IM WALD

Im Wald leben viele Vögel:

Spechte, Eichelhäher und Buchfinken.

Kleiber laufen an Baumstämmen

kopfüber nach unten.

Das schafft kein anderer Vogel.

Kleiber verkleben ihre Bruthöhlen

mit Lehm und Speichel.

Es bleibt nur eine kleine Öffnung.

Das schützt die Jungen vor Räubern

wie Krähen und Eichhörnchen.

Kleiber

Buchfink

LEHM ist ein feuchtes Baumaterial, das in der Natur entsteht.

SPEICHEL wird im Mund produziert. Er besteht hauptsächlich aus Wasser. Außerdem sind Stoffe enthalten, die bei der Verdauung helfen.

In den Regenwäldern Südamerikas sind Tukane zu Hause. Sie leben in Gruppen. Sie spielen gerne miteinander und machen dabei Lärm. Mit ihren großen, bunten Schnäbeln werfen sie sich Beeren zu. Der Schnabel dient auch zur Kühlung. Ist dem Tukan zu heiß, fließt mehr Blut hindurch. Dabei kühlt es ab.

Tukane

REGENWALD
Vor allem in den Tropen gibt es riesige, dichte Wälder, in denen es viel regnet. Meistens ist es sehr heiß.

Neuntöter

AUF OFFENER FLUR

Vögel auf offener Flur finden

ihre Nahrung auf Wiesen und Feldern.

Viele brüten auf dem Boden.

Schutz bieten ihnen Hecken und Büsche.

Der Neuntöter sammelt Insekten,

kleine Mäuse oder Eidechsen.

Er spießt sie auf Dornen auf.

So legt er sich einen Vorrat an.

Feldsperlinge fressen Körner vom Feld.

FLUR bezeichnet flaches Land, auf dem keine Häuser oder Wälder stehen, also Felder, Wiesen oder Weiden.

Viele Tiere legen sich einen VORRAT an Futter an. Finden sie keine Nahrung, ernähren sie sich davon.

In der Savanne Afrikas leben Strauße.

Sie sind schnelle Läufer.

Bei Gefahr rennt ein Strauß

bis zu 70 Kilometer pro Stunde.

Strauße und Zebras leben gern zusammen.

Das ist ein guter Schutz vor Löwen.

Gemeinsam halten sie nach Feinden Ausschau.

Strauße laufen täglich weite Strecken.

Hühnerei und Straußenei

Die **SAVANNE** ist eine trockene Graslandschaft. Bäume gibt es nur vereinzelt.

Ein **STRAUß** kann bis zu drei Meter groß und 150 Kilogramm schwer werden. Er ist mehr als doppelt so groß wie ein achtjähriges Kind.

IN DER STADT

In der Stadt leben oft mehr Vögel als auf dem Land. Wie kann das sein? Im Winter ist es dort wärmer. Die Vögel finden viele Nistplätze. Es gibt auch weniger Feinde. Viele Vögel passen sich an die Stadt an. Nachtigallen und Amseln singen hier höher und lauter. Das übertönt den Lärm. Kakadus in Sydney öffnen sogar Mülltonnen.

Haussperling

Kakadu

Das **LAND** außerhalb von Städten besteht meist aus Feldern und Weiden. Es gibt wenig ungenutzte Natur.

SYDNEY ist die größte Stadt in Australien.

Turmfalken brüten an Kirchtürmen oder hohen Häusern.

In Berlin gibt es jedes Jahr etwa 200 **Brutpaare.**

In Köln leben sogar **Halsbandsittiche.**

Vor ein paar Jahren sind einige Tiere aus Käfigen entkommen.

Sie haben sich vermehrt und ausgebreitet.

Turmfalke

Halsbandsittiche

BRUTPAAR
Ein Weibchen und ein Männchen, die gemeinsam Junge haben, sind ein Brutpaar.

HALSBANDSITTICHE gehören zu den Papageien. Sie stammen eigentlich aus Asien und Afrika.

VOGELREKORDE

Der kleinste Vogel ist ein Kolibri.
Die Bienenelfe ist vom Schnabel
bis zum Schwanz
kaum sieben Zentimeter lang.
Mit ihrer langen Zunge
saugt sie Nektar aus Blüten.
Sie legt die kleinsten Eier der Welt.
Diese sind so groß wie Erbsen.
Das größte Auge hat der Strauß.
Es ist fünf Zentimeter groß.
Das Auge ist größer
als sein Gehirn!

KOLIBRIS sind kleine Vögel mit buntem, glänzendem Gefieder. Es gibt über 300 Arten in Amerika.

NEKTAR ist ein zuckerhaltiger Saft. Er wird von Pflanzen hergestellt, um Tiere anzulocken.

Brillenpelikan

Der lauteste Vogel ist der **Fettschwalm.**

Er ist so laut wie ein Lastwagen.

Den längsten Schnabel hat der Brillenpelikan.

Er fängt damit Fische und

schluckt sie im Ganzen herunter.

Die größte Beute jagt die **Harpyie.**

Das sind große Greifvögel im Regenwald.

Sie fangen sogar Affen und Faultiere.

Fettschwalm

Harpyie

Der **FETTSCHWALM** lebt in Südamerika. Er verbringt den Tag in dunklen Höhlen. Nachts sucht er nach Früchten.

HARPYIEN heißen in griechischen Sagen Ungeheuer mit Vogelkörper, Flügeln und Frauenkopf.

Wanderfalke

NOCH MEHR REKORDE ...

Der schnellste Vogel ist der Wanderfalke.

Im Sturzflug erreicht er

über 300 Kilometer in der Stunde.

Damit ist er das schnellste Tier der Welt.

Der beste Taucher ist der Kaiserpinguin.

Er bleibt bis zu 18 Minuten unter Wasser.

Dabei taucht er mehrere Hundert Meter tief.

Er lebt in der Antarktis.

In eisiger Kälte brütet er seine Eier aus.

Kaiserpinguin

Die ANTARKTIS ist ein großes Gebiet rund um den Südpol. Sie ist von Eis bedeckt.

Zweifarbenpirol

Gelbbrust-Ara

Zaunkönig

Der giftigste Vogel ist der Zweifarbenpirol.
Er lebt in Neuguinea und frisst giftige Käfer.
Das Gift gelangt in seine Haut und Federn.
Für Feinde ist er dann ungenießbar.
Die ältesten Vögel sind Papageien.
Gelbbrust-Aras werden in Gefangenschaft
bis zu hundert Jahre alt.
Der kleinste Vogel mit dem lautesten
Gesang ist der Zaunkönig.
Man hört ihn noch in 500 Metern Entfernung.

NEUGUINEA ist die zweitgrößte Insel der Welt. Sie gehört zu Indonesien in Südostasien.

Der **ZAUNKÖNIG** kommt in Europa und Asien vor. Er ist nur zehn Zentimeter groß.

Super gelesen

AUF ZUM RÄTSELSPASS!

1. Vogelrekorde! Was passt zueinander? Ordne zu.

Bienenelfe

Zweifarbenpirol

Kaiserpinguin

Strauß

Wanderfalke

- der giftigste Vogel
- der beste Taucher
- der kleinste Vogel
- der schnellste Vogel
- das größte Auge

2. Notiere die Lebensräume der Vögel. Die Wörter helfen dir dabei.

Wo lebt wer?

a) Schwäne leben am ______________ .

b) Neuntöter leben auf offener ______________ .

c) Kleiber leben im ______________ .

See   Wald   Flur

3. Fülle das Kreuzworträtsel aus. Schreibe dazu die passenden Begriffe zu den Bildern in das Raster.

Lösungswort:

4. Warum leben Vögel in der Stadt? Kreuze die richtigen Antworten an.

a) ☐ Sie finden viele Nistplätze.

b) ☐ Sie mögen den Lärm.

c) ☐ Es ist wärmer.

d) ☐ Es gibt weniger Feinde.

e) ☐ Sie sind gerne bei den Menschen.

Lösungen: 1. Bienenelfe = der kleinste Vogel, Zweifarbenpirol = der giftigste Vogel, Kaiserpinguin = der beste Taucher, Strauß = das größte Auge, Wanderfalke = der schnellste Vogel; 2. a) See, b) Flur, c) Wald; 3. Stockente, Strauß, Kolibri, Schwan, Nest, Lösungswort: Tukan; 4. a), c), d)

Bildnachweis
l = links, r = rechts, M = Mitte, o = oben, u = unten
Maria Mähler: 8, 12, 22, 26, 39, 42, 48, 55, 58
Shutterstock.com: VNS Vector Tradition, 1 StockSmartStart, 4ol GoodStudio, 4or GoodStudio, 4Ml Tenstudio, 4uM StockSmartStart, 4ur St_range Elena, 4–5 ABC vector, 5ol GoodStudio, 5oM GoodStudio, 5or Alfmaler, 5Ml Alexa Hudec, 5Ml GoodStudio, 5ul Alfmaler, 5ur Tenstudio, 6l chris276644, 6r Rudmer Zwerver, 7l Debra O'Connor, 7r raymond orton, 8 Mark Brandon, 9o photomaster, 9u StockSmartStart, 10o Estuary Pig, 10u attaphong, 11ol Edgar Smislov, 11oM Raldugina Oksana, 11or FirthFotography, 11Mr ArtistMiki, 11u NadzeyaShanchuk, 11ur StockSmartStart, 12o NadzeyaShanchuk, 12ul TatyanaL, 13ol sosnytskyi, 13or cynoclub, 13Mr Zhenyakot, 13u StockSmartStart, 14ul Elena Istomina, 14ur shaftinaction, 15or Leo Bucher, 15ul W. de Vries, 15uM Simun Ascic, 15ur Howard Marsh, 16o Abeselom Zerit, 16u Jiri Fejkl, 17o Richard Cook, 17u GreenSkyStudio, 18or StockSmartStart, 18Ml Elena Istomina, 18M Elena Istomina, 18Mr Elena Istomina, 18ur Yurchenko Yulia, 18u Elena Istomina, 19o NadzeyaShanchuk, 19r StockSmartStart, 19ur AntonovMaxim, 20l shaftinaction, 20r Werner Baumgarten, 21l Traveller MG, 21r Stefan Rotter, 22ol Olivier Le Moal, 22ur feipco, 23or Anton Rodionov, 23uM Vee Snijders, 23ur Risto Raunio, 24ol Albert Beukhof, 24or Jack FotoVerse, 24u StockSmartStart, 25or Bill Perry, 25ur StockSmartStart, 25u Kong Vector, 26ul lecosta, 26ur Marcin Perkowski, 27ol Bildagentur Zoonar GmbH, 27or Creative Kayes, 27ur Anna Kutukova, 28or smutan, 28ul StockSmartStart, 28ur Roi and Roi, 29o Panos Karas, 29u Christos Georghiou, 30 Elegant Solution, jenny_v, KittyVector, MarySan, moj0j0, PlatypusMi86, Shpadaruk Aleksei, StockSmartStart, VectorPlotnikoff, 31 ArtistMiki, Elena Istomina, Lexi Claus, Lyudmyla Kharlamova, Roi and Roi, 32l Petr Salinger, 32r Sergey Uryadnikov, 33l Shawn Hempel, 33r David Moreno Hernandez, 34or Val_Iva, 34Ml Soru Epotok, 34Mr kosala000000, 34ul Tenstudio, 35ol Simonas Minkevicius, 35or raythan correi, 35uM StockSmartStart, 35ur+l Feodora_21, 36or Val_Iva, 36Mr WildMedia, 36uM Stephanie CROCQ, 36ul murat irfan yalcin, 36ur GreenSkyStudio, 37ul Catleesi, 37uM StockSmartStart, 37ur feipco, 38or Gaslop, 38ul David Moreno Hernandez, 38uM YK, 38ur Edvard Mizsei, 39ul Vishnevskiy Vasily, 39ur John Navajo, 40ul David Moreno Hernandez, 40ur Kletr, 41ur Martin Mecnarowski, 42Mr Bahadir Yeniceri, 42u OK-SANA, 43Mr StockSmartStart, 43ul Pierre Watson, 43ur Anna Kutukova, 44 StockSmartStart, 44 Elena Istomina, Flow 37, ianakauri, Pixelcrafts, sasimoto, Shaliapina, 45 Elena Istomina, Gaslop, roroiishaa, Shaliapina, 46l Denis Martynov, 46r Petr Simon, 47l Tulchinskaya, 47r Wirestock Creators, 48ol Rostislav Stach, 49or Karel Bartik, 49Mr Artush, 49u St_range Elena, 49ul St_range Elena, 50or Johnny Dream, 50Mr LynxVector, 50ur Giedriius, 51ol Riska Parakeet, 51or pixuberant, 51ur Zhenyakot, 52o Feodor a_21, 52ul Need, 52uM StockSmartStart, 52ur Lukas Zdrazil, 53o (Ranken) Daria_Art, 53o KurArt, 53ur FrentaN, 54ol Yurchenko Yulia, 54or Yuriy Balagula, 54u baza178, 55or Moehring, 55Mr shaineast, 55ul Picture Partners, 56–57o Vector Tradition, 56Ml Stephen William Robinson, 56Mr Ken Griffiths, 56–57u Svetlana Ievleva, 56uM StockSmartStart, 57Ml Sabine Thallinger, 57Mr arturasker, 58ur Fercast, 58ul Christos Georghiou, 59o Chrissi4788, 59ul Traveller MG, 59ur Dmitrii Kash, 60or Smiler99, 60ul VartB, 60uM The img, 60ul David Herraez Calzada, 61ol feathercollector, 61oM Adrian Eugen Ciobaniuc, 61or WildMedia, 61Mr Maquiladora, 61ul StockSmartStart, 61u OK-SANA, 61ur Gallinago_media, 62 Alfmaler, Magicleaf, Microstocker.Pro, Mvshop, StockSmartStart, St_range Elena, The img, 63 Graphic toons, Lexi Claus, Maquiladora, miniwide, Mvsho, NadzeyaShanchuk, St_range Elena, 6uM StockSmartStart, 64u NadzeyaShanchuk

Impressum

Redaktionelle Leitung Ina Koslowski, Juliane von Laffert
Lektorat Katja Baier
Text Babette Pribbenow
Illustrationen Maria Mähler
Umschlaggestaltung Robert Grill, München
Umschlagabbildungen stock.adobe.com/Simonas, Dorina Tessmann (Rückenbild)
Layout und Satz formlabor, Hamburg

www.duden.de
www.cornelsen.de

1. Auflage, 1. Druck 2024

Mecklenburgische Str. 53, 14197 Berlin

Druck: Livonia Print, Riga

ISBN 978-3-411-73292-0

Einfach gern lesen!

Lesestufe 2

1. Klasse 2. Klasse 3. Klasse

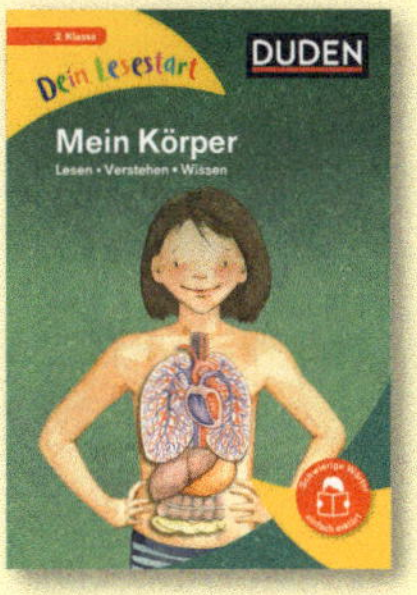

www.duden.de

DUDEN